# AVE MARIA
# DEGGINGEN

Auf einem Felsenvorsprung der Albberge bei Deggingen im oberen Filstal liegt von Linden umschattet wie ein verborgenes Kleinod Ave Maria, die Wallfahrtskirche mit dem Kloster der Kapuziner, die das Heiligtum betreuen.

# Inhaltsverzeichnis Seite

# Geschichte der Wallfahrt

Es mögen wohl wenige Wallfahrtsstätten im großdeutschen Raum geben, die so mit der Geschichte des Landes verbunden sind wie Ave Maria. Seine Geschichte geht nachweislich zurück bis in die Zeit der endgültigen Landnahme der Alemannen um das Jahr 300 christlicher Zeitrechnung. Deggingen gehört zu den alemannischen Urdörfern. Seine Gräberfunde beweisen es und sein Name deutet ebenso darauf hin; denn die Endung „ingen" weist auf die Zugehörigkeit zu einem alemannischen Sippenältesten oder Gefolgschaftsführer hin.

Der Großkern dieser „Alemanni", wie die Römer diesen Männerverband aus dem germanischen Norden nannten, waren die „Suebi". Ihre religiösen Traditionen beschreibt der römische Geschichtsschreiber Tacitus also: „Im übrigen glauben sie, daß es den Himmlischen nicht entspreche, die Götter in Tempelwände einzuschließen oder in irgendeiner menschlichen Gestalt nachzubilden: Haine, Waldwiesen weihen sie ihnen; und mit dem Namen der Götter nennen sie jenes Geheimnisvolle, das sie nur in ehrfürchtiger Ahnung schauen." Diese ihre religiösen Traditionen prägten auch den Kult in ihren neuen Wohnsitzen. Auch das bezeugt uns die Geschichte. Der byzantinische Historiker Agathias, der um 570 die Geschichte des Gotenkrieges geschrieben hat, stellt das Heidentum der Alemannen dem christlichen Glauben der Franken

*Alemannen im Täle*

*Ihr religiöses Brauchtum*

entgegen und sagt: sie seien zwar politisch einig mit den Franken, aber in ihren religiösen Überzeugungen unterscheiden sie sich: „Sie verehren bestimmte Bäume, strömende Wasser und bewaldete Bergschluchten."

Nun ist es mehr als interessant, daß nach Aussage der Hermunduren, die im Donautal siedelten, sich hier im Filstal jene Semnonen niedergelassen haben, die sich für die ältesten und vornehmsten aller Sueben hielten. In ihrem Bezirk stand das Nationalheiligtum, der heilige Hain, zu dem an bestimmten Zeiten alle Abgesandten des Volkes kamen. „Niemand durfte ihn betreten", sagt Tacitus, „es sei denn gefesselt zum Zeugnis seiner eigenen Ohnmacht und der Macht der Gottheit. Stürzte er, so durfte er sich nicht erheben, noch aufgehoben werden; auf dem Boden mußte er sich fortwälzen. Darauf zielte nämlich der ganze mystische Kult: hier ist gleichsam die Geburtsstätte des Volkes, hier der Allherrscher – Gott, dem alles unterworfen ist." Mit ihm wußte sich der Suebe schicksalhaft verbunden; von ihm wußte er sich gezeugt in der Mater Terra (Mutter Erde), deren Heiligtum im heiligen Hain stand, in der Wohnung des Allherrschers. Diese Mutter Erde verehrten sie alle, von ihr, so betont Tacitus, glaubten sie, daß sie sich um die menschlichen Anliegen kümmere. Und länger als die Goten, Franken und Burgunder hielten die Alemannen an der ihnen überlieferten Religion fest. Es hat Jahrhunderte gedauert, bis ein vertiefter christlicher Glaube ihr überkommenes Brauchtum in christliche Überzeugungen verankern konnte.

Mutter Erde

Das beweist uns die gesamte amtliche kirchliche Literatur vom 5. bis zum 11. Jahrhundert, als da sind: Päpstliche Erlasse, bischöfliche Synoden, Herrschergesetze, Bußbücher und zumal die Missionsliteratur wie das Missionsbüchlein des hl. Pirmin. In diesem Schrifttum können wir diese erd- und weltgebundene Religion der Germanen in ihren neuen Wohnsitzen feststellen: Es ist der Allherrscher-Gott, dem sie ihre Felsenheiligtümer weihen wie die Bergkapelle bei Gosbach, die Dotzburg über Mühlhausen und das Drachenloch bei Drakenstein; und es ist die Allmutter Erde, die sie im Fels-, Baum- und Quellkult verehren. Der Fels ist ihnen ein Stück der göttlichen Erde und ihrer mütterlichen Kraft, die Quelle ihr immer zur Zeugung bereiter Mutterschoß; der Baum aber weist auf die Mutter hin, die alles trägt und wachsen läßt. Mit den Bäumen verehrten die Alemannen auch heilige Sträucher, unter ihnen vorzüglich den Weißdornstrauch, vor dem eine Synode von 587 den Germanen ausdrücklich warnt, dort seine Gelübde zu sprechen. Jedes Element dieser heiligen Dreiheit von Baum, Fels und Quelle wurde auch einzeln verehrt, vornehmlich die Quelle, über die das spätere Christentum die großen Dome baute wie Straßburg und Paderborn u. a. Lag die Quelle im heiligen Hain und sprudelte sie gar aus einer Felswand, war sie die bevorzugte Kultstätte, zu der man wallfahrtete, wo man betete und opferte, wie einst die Vorfahren zum Nationalheiligtum pilgerten, wo in der Wohnung des Allherrschers, im heiligen Hain, das Heiligtum der Allmutter Erde stand, die sich um die menschlichen Anliegen kümmert.

**Alemannische Heiligtümer**

**Bevorzugte Kultstätte**

# Eine heidnische Kultstätte wird ein marianischer Gnadenort

Die Schlußfolgerung, daß hier auf dem Dugstig, wie der Ave-Berg in ältester Zeit genannt wurde, die bevorzugte Kultstätte der Alemannen im Täle war, liegt nicht nur nahe, sondern wird von der hier zwar nur angedeuteten Religionsgeschichte gefordert. Hier sprudelte die heilige Quelle aus dem Felsengrund, deren Wasser den frommen Germanen als Heilwasser galt; es ist die spätere Ave-Quelle, die der Christ als besonders heilend verehrte. Hier war „nimid", heiliger Hain, „haruc", lichte Waldstelle, von Bäumen umgeben, von denen einer als besonders heilig galt; von ihm schuf die spätere Tradition die Legende, Maria sei an ihm erschienen. Hier blühte der Weißdorn, an dem der bittende Germane seine Gelübde sprach und Christ geworden ihn Maria weihte; von ihm erzählte die spätere Generation, seine Blätter hätten das „Ave" getragen, wie es ein Bild in Alt-Ave für unsere Generation festgehalten hat.

## Die erste christliche Kapelle und Wallfahrtskirche

Das Gesamt dieser germanischen Kultstätte konnten nach dem missionarischen Grundsatz des Papstes Gregor d. Gr. († 604) – „Nichts zerstören, alles verwandeln und auf den heidnischen Kultstätten die christliche

Kirche bauen" – die christlichen Missionare überneh-
men. Über ihren heiligen Quellen bauten die Germanen
ein schützendes Dach. Wohl durch die Mönche des
vom Grafen Rudolf, aus dem alemannischen Herzogs-
geschlecht der Alaholfinger, 861 gegründeten, mit
einem Großteil des Filstales reich dotierten Benedikti-
nerkloster zu Wiesensteig wurde das schützende Dach
der heiligen Quelle durch eine einfache Holzkapelle
ersetzt, die sie dem Geheimnis der Verkündigung
weihten, also der Mutter des Lebens. Der Gruß des
göttlichen Boten an die Ewig-Erwählte gab der Kapelle
schon damals den Namen Ave-Maria. Um das Jahr
1000 oder 1100, also in der romanischen Zeit, wurde
diese Holzkapelle von einem 3 m mal 3 m großen
Steinbau abgelöst, der schließlich in der zweiten Hälfte
des 15. Jahrhunderts als Gnadenkapelle mit dem heute

**Christliche
Mission**

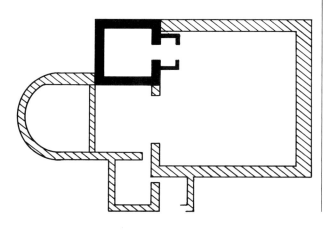

noch verehrten Gnadenbild der Madonna mit dem segnenden Kind in eine stattliche Kirche von wohl gefeilter Gotik einbezogen wurde. Diese Kirche hatte im Innenraum ein Kirchenschiff in der Länge von 12,20 m (rechts) und 12,50 m (links) und in der Breite von 12,50 m, dazu einen Chor von 10,30 m in der Länge und 5,75 m in der Breite. An diese Kirche schloß sich eine Wohnung für den Wallfahrtsseelsorger und den Mesner an, der ein Einsiedler gewesen sein soll.

## Die Stiftung einer Kaplaneipfründe

Der stetig wachsende Strom der Pilger zur Mutter des Lebens auf dem Dugstig hatte den Bau einer Kirche notwendig gemacht und forderte jetzt die Anstellung eines eigenen Wallfahrtsseelsorgers. Die Wallfahrtspflegschaft, die den Bau der kostspieligen Kirche auf dem nur mühsam zu erreichenden Berg aus den Opfergeldern der Pilger finanzierte, kaufte schon bald nach der Fertigstellung des Kirchenbaues am 15. Februar 1474 vom Ritter Heinz v. Zillenhardt zu Ursenwang in einer Barzahlung von 1000.29 Rheinischen Gulden einen erstaunlich großen Land- und Waldbesitz, dessen Pachtgelder den Unterhalt eines Seelsorgers an der Wallfahrtskirche sichern konnte. Diese Pfründe wurde vom Bischöflichen Generalvikariat Konstanz mit Schreiben vom 21. März 1477 an den damaligen Pfarrer von Deggingen Johannes Brentzing kanonisch errichtet.

**Kaufvertrag mit Heinz v. Zillenhardt**

Wallfahrtskirche Ave Maria (1716–1718) mit Kapuzinerkloster

# Die Zufluchtsstätte in schweren Zeiten und ihre Zerstörung

Mit einer so wohlgeordneten Wallfahrtsseelsorge wurde Ave Maria auf dem Dugstig zum beliebten Wallfahrtsort im südwürttembergischen Raum mit einer eigenen Bruderschaft, deren Mitglieder sich nicht weniger als in 33 Ortschaften befanden. Und so blieb Ave Maria auch in den heraufziehenden stürmischen Zeiten der Reformation die stärkende und Ruhe ausstrahlende Stätte. Die Mutter des Lebens war auch die Mutter des Glaubens. Darum war es für das gläubige Täle unfaßbar, als der Landesherr Graf Ulrich XVII. 1555 lutherisch wurde, von dem ihm im Augsburger Religionsfrieden vom 29. September desselben Jahres zugestandenen Recht Gebrauch machte, seine kleine Grafschaft – sie umfaßte nurmehr 9 Dörfer – geschlossen und nachdrücklich zum Glauben der lutherischen Reformation führte und die katholischen Pfarrstellen mit protestantischen Predigern besetzte. Ave Maria wurde durch reformatorische Bilderstürmer geschändet, geplündert und fast zerstört; nur das Gnadenbild konnte früh genug gerettet werden. In den Ruinen der zerstörten Kirche aber beteten die Menschen wie zuvor zur Mutter des Glaubens: „Bitt für uns Sünder jetzt".

*(Marginalie:)* Reformation im Täle

# Der Wiederaufbau der Gnadenkapelle

Das Gebet der Pilger in den Ruinen auf dem Dugstig, die bittere Erfahrung mit der neuen Lehre und ihren unter sich zerstrittenen Prädikanten, der Vorwurf des Gewissens, sich am Kirchengut vergriffen und das gläubige Volk schier genötigt zu haben, ihren ererbten Glauben zu verleugnen, ließ den erkrankten Grafen den Weg zum angestammten Glauben seiner Ahnen zurückfinden. Am 25. April 1567 wird er wieder katholisch und die Grafschaft rekatholisiert. Er gab die Kirchengüter zurück und verfügte in seinem Testament die Wiederherstellung von Ave Maria. Er starb am 17. Januar 1570. Sein Sohn Rudolf V., Graf von Helfenstein, war gewillt, Ave Maria so wieder auf-

Rekatholisierung der Grafschaft

Blick von der Siebenschmerzenkapelle (Kerzenkapelle)
auf Kloster und Kirche

zubauen, wie es einst war. Darum kaufte er gelegentlich seiner Romreise 1597 drei Altarbilder des flämischen Malers Martin Valkenborch: Mariä Verkündigung für den Hochaltar, Geburt und Kreuzigung Christi für die beiden Nebenaltäre. Sein früher Tod – er starb 1601 –, der bald darauf einsetzende Dreißigjährige Krieg mit seiner rapiden Geldentwertung, Hunger, Kriegskontributionen, seuchenartige Krankheit, die mit vielen Menschen in der Grafschaft 1627 auch den letzten Helfensteiner Graf Rudolf VI. wegraffte, verhinderten den Wiederaufbau der gotischen Wallfahrtskirche auf dem Dugstig. Was von Graf Rudolf V. oder bereits von seinem Bruder Ulrich XVIII. († 1581), der vor ihm die Grafschaft führte, wieder aufgebaut wurde, und zwar um 2 m vergrößert, war die Gnadenkapelle, wie sie heute noch als Alt Ave zu sehen ist.

Was kein Helfensteiner schaffte und auch kein bayerischer Kurfürst tat, wiewohl er mit dem Kauf des Wiesensteiner Ländle von den drei erbenden Töchtern des letzten Helfensteiner auch die Wiedergutmachungspflicht einhandelte, das leistete nach dem Dreißigjährigen Krieg und den Tagen der Franzosennot, da im süddeutschen Raum die Bourbonen mit den Habsburgern um die Vormacht in Europa kämpften, mit eigenen Mitteln die Wallfahrtspflegschaft von Ave Maria selber: den Neubau der alten, alle Jahrhunderte der Not und Kriege seit den Zeiten der Alemannen überdauernden Gnadenstätte: *Zwischen den Jahren 1716– 1718 erhebt sich auf dem vorgelagerten Felsen des Dugstigs westwärts unter Alt-Ave die neue Wallfahrtskirche.* Und so hat sie die Kunstgeschichte bereits getauft:

**Neue Zeit**

# Die Perle des Täle

Ihr Baumeister ist Christian Wiedemann. Gestaltende Künstler des Hochaltars und aller Stuckarbeiten sind die Bildhauer und Gipskünstler Ulrich Schweizer (geb. 1674) aus Deggingen und sein Sohn Johann Jakob Schweizer (1700–1784). Der Maler der Seitenaltäre und des Verkündigungsbildes: Martin Valkenborch aus Mecheln in Flandern (1535–1612). Die Ausmalung der Kirche schuf in Freskotechnik Josef Wannenmacher (1722–1780), Schüler der Malerakademie in Rom, der in Schwäbisch Gmünd, Rottweil und St. Gallen wirkte. Zu den Gesamtkosten für den Bau der Kirche und ihre ursprüngliche Ausstattung macht das Salbuch (sale ist ein mittelhochdeutsches Wort und besagt die rechtliche Übergabe eines Gutes; und Salbuch besagt das Verzeichnis dieser Güter –) folgende Notiz:

„Die sammtlichen Bawkösten dieser Kirchen seiend über zehntaußend Gulden gekommen, welche das Ave Maria aus aigenen Mitteln bestritten." Das ist für die damalige Zeit eine hohe Summe Geldes.

Architekt, gestaltende Künstler und der beratende Theologe, dessen Gedanken erst das Gesamt zu einer gültigen theologischen Aussage führten, schufen dieses Kleinod in dem an Kunstreichtümern wahrlich nicht armen Lande. Sie schufen ein Werk, in dem wie in

einer wundersamen Melodie das Lied aller Zeiten, die je das Täle sah, hörbar wird: das Lied der vorchristlichen Menschen, die aus weiten Fernen kamen und hier in

dem weltverlorenen Tal in den Wirrnissen der Zeit
Schutz und eine neue Heimat fanden; das Lied ihrer
Sehnsucht nach dem Leben, das der Wind in ihren
heiligen Bäumen raunte und das quirlende Wasser in
den heiligen Quellen sang; das Lied der Christen-
menschen in den Tälern ringsum; das Lied ihrer
Zuversicht, wissend um das Leben, das der Allherrscher, der Ewig-Lebendige ihnen schenkte in seinem
Sohn, den eine Jungfrau gebar, die Maria hieß und sich
stets als Mutter aller erwies, das Lied, das der Bote des
Himmels selber sang: Ave Maria.

In dieses Werk legten seine Erbauer alles hinein, was
die Natur der Alb und die heilige Geschichte, die in den
Legenden des Volkes weiterlebt, ihnen bot und an
künstlerischem Können in ihnen selber war, um in der
Symphonie dieser drei das Wort der Offenbarung zu
deuten: „Er hat uns aus der Finsternis entrissen und in
das Reich seines geliebten Sohnes versetzt. In ihm
haben wir die Erlösung durch sein Blut, die Vergebung
der Sünden. Er ist das Ebenbild des unsichtbaren
Gottes, der Erstgeborene vor aller Kreatur. In ihm ist
alles erschaffen im Himmel und auf Erden: Sichtbares
und Unsichtbares, Throne, Herrschaften, Fürsten-
tümer und Mächte. Alles ist durch ihn und auf ihn hin
erschaffen. Er steht an der Spitze des Alls. Und das All
hat in ihm seinen Bestand" (Kol 1, 13–17). Wer aber
Gottmensch sagt, und der ist hier genannt, nennt jene,
die ihn gebar; Mensch ward auch Gott nicht anders
denn als Sohn einer Frau. Auch das wird in eben dieser
göttlichen Offenbarung betont: „Da kam die Fülle der
Zeit und Gott sandte seinen Sohn, der von einer Frau

*Das künstlerische Thema*

geboren ward" (Gal 4, 4). Gott der Allwirker, die Frau das Werkzeug seines lebenwirkenden Tuns, diese Theologie der Vorzeit befähigte die Geister des Barocks zu welt- und zeitumspannender Gestaltung. Sie führte auch die Schöpfer von Ave Maria, den Architekten und die gestaltenden Künstler und einte ihre Kräfte zu einem Werk von seltener Harmonie und höchster Ausdruckskraft.

Vor den reich bewaldeten Bergen der Alb, aus deren Gestein die Bergwasser sprudeln und durch eine tief zerklüftete Schlucht ins Tal der Fils stürzen, errichtete der Architekt seinen Bau in bewußter, aber durch den Anbau zweier Seitenkapellen lebendigen Schlichtheit, um ihm so an der gigantischen Schönheit der Natur Anteil zu geben. Im Inneren aber schenkt er ihm eine mitreißende Zielstrebigkeit auf den eingezogenen halbrunden Chor hin, in den die Degginger Künstler den in seiner Art wohl einzigen *Hochaltar* stellen, der jede strenge Linie vermeidet und durch schwebende Engel alles tragen läßt bis hinauf zu dem krönenden Baldachin. Dorthin setzen sie unter einer freischwebenden Krone lichtumflossen die *Madonna mit dem Kind* (15. Jahrh.), die bereits in der ersten Kirche stand, ein Bild von schier überirdischer Schönheit und – so eigenartig es klingen mag – von einer kosmischen Kraft; denn die Madonna steht auf einer im Postament angedeuteten Weltkugel, hat den Mond zu ihren Füßen und zertritt mit ihrem Fuß den satanischen Drachen. Die Quelle aber dieser bezwingenden Schönheit und Macht heißt – das Bild sagt es deutlich – Mütterlichkeit: Maria trägt auf ihrem Arm den, der von sich sagte: Ich bin das

**Äußerer Bau**

**Innenarchitektur**

**Hochaltar**

**Gnadenbild**

Leben, sie trägt den Welterbauer, der seine Schöpfung mit leibeigener Hand segnen und heimholen wird. Und doch bleibt diese Frau eine Menschenfrau – „bei Gott ist kein Ding unmöglich" –, deren Eltern nach der Tradition *Joachim* und *Anna* heißen. Der Künstler stellt sie neben den Altar und doch ins Ganze aufgenommen: Joachim mit den Tauben für das Tempelopfer und Anna mit dem Prophetenbuch, darin geschrieben steht: „Siehe die Jungfrau wird empfangen und einen Sohn gebären und ihn Emanuel nennen, Gott mit uns."
Auf die Chorwände setzten sie wie mit der Wand verbunden, um den Blick auf den Hochaltar mit seiner mariologischen Aussage nicht zu stören, die Figuren zweier Heiligen: über der Tür zur Beichtkapelle den *Hl. Johannes von Nepomuk* und über der Tür zur Sakristei den *Hl. Antonius von Padua* mit dem Jesuskind.

Chorwände

Die Künstler entfalten nun ihr ganzes Können, die bereits im Gnadenbild angedeutete Idee von einer kosmischen Stellung Mariens in den Welt- und Heilsplänen Gottes als Mutter des Lebens in allen Farben, Linien und Figuren bis hinein in die kleinste und zarteste der Verzierungen, die sich wie ein Hauch des Ewigen über den ganzen Innenraum ziehen, leuchten zu lassen.

Marias Stellung im göttlichen Heilsplan

# Die Freskogemälde

Durch welches der drei Portale der Besucher diese
Kirche auch betritt, er gerät unter ein großes *Deckengemälde,* das wie mit unsichtbarer faszinierender Macht
nach oben zieht. Das Bild läßt ihn nicht los und führt
den Betrachter behutsam in die Urgründe der Welt-
und Heilsgeschichte. Ein großer Baum ragt auf, der
Weltenbaum, der Menschheitsbaum, der in uralten
Sagen der Völker seine geheimnisvolle Bedeutung
bewahrt hat und in der Sprache des Alten Testamentes
der Baum der Erkenntnis des Guten und des Bösen
genannt wird. Eine Schlange zieht ihre tödlichen Ringe
um seinen Stamm. Seine Früchte werden zu Toten-
köpfen. Der Satan, der Widerpart Gottes, greift nach
der Welt, der Schöpfung Gottes, nachdem ihm die
Weltherrschaft verwehrt worden, die bereits seit Ewig-
keiten dem Gottmenschen übergeben war. So sah es ja
rückblickend Johannes und beschreibt es in seiner
Geheimen Offenbarung: „So wurde der große Drache
gestürzt: die alte Schlange, die Teufel und Satan heißt
und die ganze Welt verführt. Er wurde auf die Erde
gestürzt... Da hörte ich eine gewaltige Stimme im
Himmel rufen: Nun ist gekommen das Heil, die Macht
und die Herrschaft Gottes und die Macht seines Ge-
salbten" (Apok 12,9f). Aus der Krone des bereits in
seinen Blättern und Früchten vergifteten Weltenbau-
mes schwebt eine Frau hervor, sonnengleich – weiß
und blau – gekleidet. Mit ihrem Fuß zertritt sie den

Erstes
Deckengemälde

Schlangenkopf. Über ihr schwebt in lichten Höhen der
Schöpfer und trägt die Welt in seinen Händen. Aus der
Weltkugel aber unter ihr strahlen die Worte ihrer
ewigen Erwählung: „Ab aeterno ordinata sum – von
Ewigkeit her bin ich bestimmt". Und aus dem Mund
des ewigen Vaters ergeht das Wort: „Ipsa conteret
caput tuum – sie wird dir den Kopf zertreten"
(Gen 3, 15). Mit einem Blick voll Vertrauen auf die
ewige Frau, die dennoch seine Schwester sein wird –
deswegen rückt der Künstler das Elternpaar Mariens in
ihre Nähe – verläßt der verführte und gefallene Mensch
– Adam und Eva – das verlorene Paradies. Wohl
konnte der Menschheitsbaum durch den dämonischen
Ansturm der Sünde seiner gottgeschenkten Blätter,
Blüten und Früchte beraubt werden; er aber konnte in
seiner ursprünglichen Schönheit erneuert werden, weil
der Wurzelgrund und die Triebkraft dieses Baumes
intakt blieb: der Weltenplan Gottes; er konnte nicht
vernichtet werden. Diese Worte des großen Kapuzi-
nertheologen und größten Mariologen des 16. Jahrhunderts, Laurentius von Brindisi (1559–1619) könn-
ten für dieses Bild Pate gestanden haben. Doch waren
ähnliche Gedanken Allgemeingut der zeitgenössischen
Theologie, die nicht hamartiologisch, das heißt von der
Erbschuld her geprägt, sondern total christologisch,
das heißt von Christus bestimmt war. Vor aller Schuld
und Schuldverflechtung steht in dieser von den großen
Vätern der Ost- und Westkirche überkommenen Theologie als Ur- und Erstprinzip der Schöpfung, ihrer
Natur, ihrer Gnade und Vollendung der Gottmensch;
er wird auch der Erlöser ihrer Schuld und der Er-

neuerer ihrer Gnade. Der Weltenbaum wird trotz aller Dämonie der Geschichte als herrlichste Frucht diese Frau hervorbringen, die den Weltenbeherrscher gebären wird. Die Frau setzt ihren Fuß auf den Drachenkopf. Der heiße Atem der Geschichtstheologie in den johanneischen Visionen, in denen zwar Vergangenheit, Gegenwart und Zukunft ineinanderfließen, damit aber zugleich die letzten Triebkräfte aller Geschichte offenbaren, wird in den Wannenmacher'schen Bildern spürbar: ,,Am Himmel erschien ein großes Zeichen: Eine Frau, mit der Sonne umkleidet, den Mond unter ihren Füßen und eine Krone von zwölf Sternen auf ihrem Haupte. Sie war gesegneten Leibes und schrie in ihren Geburtswehen und Geburtsnöten… Der Drache stellte sich vor die Frau, die gebären sollte, um ihr Kind gleich nach der Geburt zu verschlingen. Sie gebar ein männliches Kind, das alle Völker mit eisernem Zepter regieren soll'' (Apok 12, 3ff).

Wannenmacher erweitert seinen Gedanken des ersten Hauptbildes in *vier Medaillons,* die er zu je zwei um das Hauptbild gruppiert. Das *erste* Medaillon rechts zeigt einen Baum in strahlendem Gotteslicht; eine Schlange reckt sich züngelnd empor; ,,inimicitias ponam – ich will Feindschaft setzen'' (Gen 3, 15) heißt das erklärende Wort. Feindschaft, totale Feindschaft zwischen Baum-Maria und Schlange-Satan wird vorausgesagt. Totale Feindschaft aber heißt: nie zu eigen. Das aber heißt immaculata, der Mensch, der nie, auch nicht einen Augenblick unter der Botmäßigkeit Satans stand, wie es das *zweite* Medaillon: der Baum in der ringsum zerstörten Landschaft und das dazu gehörige Wort:

**Zugeordnete Medaillons**

„non laeditur una – eine wird nicht gefällt" und das *dritte* Medaillon: die Arche auf dem Berge, „expers naufragii – ohne Schiffbruch" in ihrer bildhaften Aussage noch eigens betonen. Das *vierte* Medaillon in dieser Gruppe, das den brennenden Dornbusch des Moses zeigt, der Dornenstrauch, der brannte und nicht verbrannte, weil Gott aus ihm sprach, gibt den Grund für diese Unversehrtheit an: Maria war die Erwählte, die Gott sich als Braut und Mutter erkor, die ihn gebären sollte.

Visio Magna, die große Vision, überschreibt Wannenmacher dieses Bild, das er so marianisch deutet. Er nimmt dafür wie für alle anderen seiner Bilder in dieser Kirche die Zeugenschaft der zeitgenössischen Theologie in Anspruch. Er war damit keineswegs falsch beraten. Denn die Mehrschichtigkeit der biblischen Texte ist die Überzeugung der gesamten christlichen Tradition, an der man nicht vorübergehen kann. Mit diesem Gedanken von der Mehrschichtigkeit der biblischen Texte und Bilder verbindet sich eine weitere theologische Feststellung, die noch weniger bezweifelt werden dürfte, nämlich die christologische Relevanz der biblischen Texte oder ihre Gravitation auf die Person Christi. Diese Christushaftigkeit des Bibelwortes ergibt sich zwingend aus der Tatsache, daß die Bibel das Wort Gottes ist und darum in ihrer Gesamtanlage ungeahnte Beziehungen zum Logos enthält. Wenn aber dem so ist, dann trägt diese Christushaftigkeit des Bibelwortes einen mariologischen Akzent; denn Mutter und Sohn gehören aufs innigste zusammen. Es ist deshalb ein durchaus berechtigtes theologisches Ver-

Josephus Wannenmacher INvent & pinxit 1761.

BENEDICTA
TV

fahren, in den verschiedenen Tiefenschichten der Heiligen Schrift nach mariologischen Bezogenheiten zu suchen, die sich dem vordergründigen Erkennen freilich noch mehr entziehen als die christologischen.

Mit der Visio Magna des brennenden Dornbusches hat der Künstler den Übergang geschaffen zu seinem *zweiten Hauptbild: die Verkündigung,* die Erfüllung der göttlichen Welt- und Heilspläne in der Zeit, die Menschwerdung Gottes in der Jungfrau Maria. Knieend, die Hände über der Brust gefaltet, hört sie die göttliche Botschaft des Engels und empfängt in der Kraft Gottes – das Symbol des Heiligen Geistes schwebt über ihr – den Sohn Gottes; auf den Wolken des Himmels, die in der biblischen Sprache die Majestät Gottes versinnbildlichen, erscheint der ewige Vater mit den Insignien der Weltregierung, Zepter und Erdball, und weist auf den verlassenen Gottesthron. Es ist eine einzigartige Darstellung des paulinischen Wortes: „Er, der in Gottesgestalt war, erachtete sein gottgleiches Sein nicht für ein Gut, das er mit Gewalt festhalten sollte. Vielmehr entäußerte er sich, nahm Knechtsgestalt an und wurde den Menschen gleich. Er erschien im Äußeren als Mensch, erniedrigte sich, und ward gehorsam bis zum Tode, ja bis zum Tode am Kreuze. Darum hat ihn Gott auch so erhoben und ihm den Namen gegeben, der über alle Namen ist: Im Namen Jesu sollen sich alle Knie beugen im Himmel, auf Erden und unter der Erde. Alle Zungen sollen zur Ehre Gottes des Vaters bekennen: Jesus Christus ist der Herr" (Phil 2, 6–11). Auch das gehört zur göttlichen Botschaft, die der Bote Gottes der Knieenden überbringt: „Du wirst empfangen und

*Zweites Deckengemälde*

einen Sohn gebären; dem sollst du den Namen Jesus geben, er wird groß sein und der Sohn des Allerhöchsten genannt werden. Gott der Herr wird ihm den Thron seines Vaters David geben, er wird über das Haus Jakobs herrschen in Ewigkeit, und seines Reiches wird kein Ende sein" (Luk 1, 30–35): das Kreuz – wie es in der Josephsvision heißt: „Du sollst ihm den Namen Jesus geben, denn er wird sein Volk erlösen von seinen Sünden" (Matth 1, 24) –, das Kreuz, an dem die Verlassenheit, die hier im Wannenmacher'schen Bild vom verlassenen Himmelsthron angedeutet ist, vollständig und die Übergabe der väterlichen Weltregierung rechtskräftig wird. Darum ist das Kreuz das Zeichen des Reiches Gottes, dem „kein Ende sein wird". Dieses Bild gehört zum Ergreifendsten und theologisch Tiefsten, was die Kunst über das Geheimnis der göttlichen Menschwerdung schuf. Und selber ergriffen und dankbar dem Geist, der ihn inspirierte, signiert der Künstler von seinen vielen Bildern in dieser Kirche allein dieses Werk: Josephus Wannenmacher invenit et pinxit, Joseph Wannenmacher ersann und malte es im Jahre 1754.

Wiederum erweitert und vertieft der Künstler durch zwei weitere diesem Titelbild der Kirche *zugeordnete Medaillons* seinen theologischen Gedanken. Links vom Hauptbild sieht man eine auf dem Wasser schwimmende Muschel, darin ein leuchtender Wassertropfen in Ausdeutung des Wortes Maria, in dem das hebräische Wort mar = Wassertropfen sich findet, darunter die Worte: „Ex candore orior – aus Lichtglanz ist mein Ursprung". Maria ist in den ewigen Plänen Gottes ein

*Zugeordnete Medaillons* [margin note]

Lichtgedanke, „des ewigen Lichtes Abglanz, von Gottes Wirksamkeit ein makelloser Spiegel" (Weish 7, 26) – wie der frische Tautropfen von der Frühlingssonne. Ihre irdische Geburt nach den Gesetzen der Natur widerspricht dem göttlichen Denken nicht. Das ist die Aussage des zweiten Medaillons. Aus einem morschen Baumstumpf sprießt ein frischer Fruchtzweig; „nihil obstat origo – die Abstammung ist kein Hindernis", so heißt des Künstlers eigene Erklärung.

Die beiden großen von Martin van Valkenborch aus Mecheln auf Leinwand gemalten *Tafelbilder der beiden* **Seitenaltäre** *Seitenaltäre* werden von Wannenmacher in die theologische *Konzeption der künstlerischen Gestaltung* der Ave-Kirche hineingenommen. Beide Altarbilder – die Geburt und die Kreuzigung Jesu – sowie die Verkündigung in der Seitenkapelle offenbaren die große und zugegebenermaßen größere malerische Fähigkeit ihres Meisters, erreichen aber nicht die weit größere Reife und Tiefe des Glaubens der Wannenmacher'schen Schöpfungen in Ave-Maria und können vor allem den Niederschlag des gräflichen Auftraggebers von Helfenstein nicht verleugnen, der sich und seine Gattin in beiden Altarbildern – beide an der Krippe und die Gattin als knieende Magdalena unter dem Kreuz und als empfangende Maria bei der Verkündigung – porträtieren ließen. Gleichwohl übernimmt sie Wannenmacher, weil sie seiner Ideenführung sich noch unterordnen ließen; sie stellen zwei Schwerpunkte im irdischen Leben Mariens dar: die Geburt Jesu, ihres Sohnes, in der ganzen, auf dem Bild deutlich werdenden mütterlichen Freude, und den Tod des Sohnes am

Deckengemälde im Chor: Aufnahme Mariens in den
Himmel (J. Wannenmacher)

Kreuze, der allerdings auf dem Bild des Flamen Valkenborch Maria bis zur Ohnmacht trifft, die Wannenmacher sicher als „mulier fortis" und „virgo potens", als starke Frau und mächtige Jungfrau ins gottgeforderte Opfer hätte schreiten und ausharren lassen bis zum schrecklichen Ende.

Die *Deckengemälde im Chor* schließen den mariologischen Gedankenkreis des Malers Wannenmacher. Was Gott schafft, schafft er für immer; freilich nicht, daß es so bleibe, sondern daß es eingehe in ihn. Maria, die bräutliche Gottesmutter hat ihre Aufgabe erfüllt bis zur Schrecklichkeit des Todes ihres Sohnes an einem Kreuze. Und so zeichnet Wannenmacher sein großes Bild im Altarraum, wo jenes Kreuzesopfer in den anonymen Zeichen des Brotes und des Weines in der göttlich aufgetragenen Nachahmung des Herrenmahles in der Nacht vor seinem Tode aus der Ewigkeit, in das er sein Opfer selbst trug (Hebr Kap. 7–8), in der Zeit Gegenwart wird: Hoch in den Wolken der göttlichen Herrlichkeit schwebt Maria, mit ausgebreiteten Händen, von Engeln geleitet, ihrer Vollendung entgegen, um mit dem verherrlichten Sohne beim Vater Fürsprache einzulegen für alle, die durch ihn, ihren Sohn, vor Gott treten (Hebr 7, 25). Das aber wird der Lobpreis der Geschichte sein: Das Lied der ewigen Frau, die sich bedingungslos ihrem Gott hingab, daß er wie ein Mensch sichtbar und hörbar wurde auf allen Straßen der Geschichte, das Lied, das sie selber einst prophetisch sang: „Beatam me dicent omnes generationes – selig werden mich preisen alle Geschlechter".

Wannenmacher schrieb dieses Lied unter das Bild der

Deckengemälde
im Chor

ewigen Frau im Hochchor zu Ave-Maria und malte
darunter die Weltkugel von vier Männern umstanden:
ein Europäer, ein Afrikaner, ein Asiate, ein Indianer.
Der Lobpreis der Geschichte wird ihr Lied sein, das
Lied von Gott, der den Schoß einer Jungfrau nicht
scheute und Mensch wurde (Te Deum). Das Gericht
der Geschichte aber wird sie nicht treffen. Wannenmacher macht es bildhaft deutlich in den *Medaillons über*

*dem Hochaltar*. Das erste Medaillon zeigt einen Adler
über den gewitterschweren Wolken: „Infra tonat" mit
diesen Worten schildert der Maler sein eigenes Bild,
unten gewittert es, oben strahlt die ewige Sonne. Über
allen Gewittern der Zeiten steht die ewige Frau. Und
doch bleibt sie als helfende Schwester den Menschen
nahe, so wie er es auf dem ersten Freskogemälde
angedeutet hat. Maria ist die Zufluchtsstadt und die
unbezwingbare Gottesburg, die der Korachite in seinen Psalmen (43–48) besingt. Und so malt der Meister
das zweite Medaillon: eine feste Stadt am Wasser, auf
dem ein Schwan schwimmt – wohl ein Befestigungs-
graben – und inmitten des Wassers der uneinnehmbare
Turm. „Nec tingor ab unda" schreibt er darunter, auch
der Wogendrang berührt mich nicht.

Noch einmal läßt der Maler die Sonne vor den schauen-
den Menschen aufleuchten. Es ist sein *abschließendes Bild*
*über dem Baldachin des Hochaltars*. Sternenkundige Männer mit den Zeichen ihrer Wissenschaft Globus und
Schriftrolle beobachten mit Fernrohren die Sonne:
„Absque nota" ist ihr Urteil; sie ist fleckenlos. Maria ist
die Sonne, die Gott sich schuf – ein beliebtes marian-
sches Bild der Theologen in allen Jahrhunderten –, sein

**Zugeordnete**
**Medaillons**

**Gemälde über**
**dem Hochaltar**

ABSQUE NOTA.

Licht und sein Leben rein in diese Welt hineinleuchten
zu lassen, wie es im Prolog des Johannes-Evangeliums
heißt: „Im Anfang war das Wort... in ihm war das
Leben, und das Leben war das Licht der Menschen...
Und das Wort ist Fleisch geworden"... im Schoß der
Jungfrau Maria. Sie war das Werkzeug Gottes. Sie war
es ganz, mit Leib und Seele. So stand sie in seinen
ewigen Gedanken (grandis in ortu, erhaben schon im
Ursprung, so das Medaillon links); so war sie, als sie in
die Zeit eintrat, wie die aufgehende Sonne im wolken-
losen Himmel (sine nubibus ortus, so das Medaillon
rechts). Und das heißt Immaculata, sündenlos; denn
Sünde ist ein Dasein-wollen ohne Gott.

Alles Mit-Gott-sein aber bewirkt eine innere Schönheit, von der das Menschenwort nur im Staunen
stammeln kann: Ganz schön bist du, Maria, wie eine
frische Rose, strahlend wie eine Lilie. Wannenmacher,
sich bewußt, eine solche Schönheit nur andeuten zu
können, malt bescheiden wie ein kostbares Zierstück
über den Fenstern der an den Altarraum anstoßenden
Seitenräumen rechts die Rose ohne Dornen (spinarum
nescia prima) und links die dreifache Lilie (flos de radice
Jesse = die Blume aus der Wurzel Jesse). Darunter setzt
er, wie auf einem buntfarben Band seine *Apostelbilder,* die in ihrer Mannhaftigkeit ausdrucksvollen
Köpfe jener Männer, die der Herr zu Sendboten seiner
Wahrheit berief und zum Felsenfundament seiner
ewigen Kirche machte. Damit vollendet der Maler den
mariologischen Gedanken: *Maria, Urbild der Kirche.*
Und nur so konnte er ihn vollenden. Denn das sind die
Männer, die diese Frau, die ihren Herrn und Gott

**Kartuschen über den Fenstern**

**Apostelbilder**

Apostel Matthäus

Apostel Judas Thaddäus

Apostel Johannes

Apostel Matthias

gebar, in ihrer bescheidenen Schönheit und schönen Bescheidenheit erlebten und so von ihr das Wort niederschrieben: „Du bist voll der Gnaden" und mit ihr beteten, daß der Hl. Geist, in der sie fähig wurde, Mutter des Herrn zu werden, auch die Kirche erfasse, um so die Mutter aller Völker zu sein.

## Die Figuren der Kirchenlehrer

Wie die unüberhörbaren Zeugen der Jahrhunderte für die Echtheit der theologischen Aussagen der Wannenmacher'schen Bilder wirken die lebensgroßen Figuren der Kirchenväter, Kirchenlehrer und Kirchenschriftsteller, die Ulrich und Johann Jakob Schweizer aus Deggingen auf das Kranzgesims des flachen Deckengewölbes im Langhaus setzten. Links steht *St. Ambrosius,* Bischof von Mailand († 397), dem die Engel Mitra und Bienenkorb tragen; als er noch ein Kind war, so verdichtet die Legende die angeborene „honigfließende" Beredsamkeit des großen Hirten und Kämpfers für die Einheit und Reinheit der Kirche wider Häresie und Schisma, habe sich ein Bienenschwarm in seinem Munde niedergelassen; er zeigt auf ein Buch, worin die Worte stehen: „Haec est virgo, in qua nec nodus originalis nec cortex actualis culpae, das

St. Ambrosius

MARIA
sanctis=
sima
virgine

Solâ
ex=
ceptâ

S. Augu

ist die Jungfrau, in der weder der harte Knoten einer
ererbten noch die Rinde einer persönlichen Schuld ist."

St. Augustinus

Ihm gegenüber ist *St. Augustinus* († 430), der größte der
lateinischen Kirchenväter, Führer der lateinischen Kirche und geistiger Gestalter des Abendlandes; ihm
halten die Engel die bischöflichen Insignien und das
brennende Herz als Sinnbild seiner Geistesglut; denn
das Herz ist jene menschliche Mitte, wo der scharfe
Geist in die Blutnähe gerät und glüht; „Maria sanctissi-
ma Virgine sola excepta, Maria, die heiligste Jungfrau
allein ist ausgenommen", heißt sein marianisches Wort
in seinem Werk De natura et gratia, über Natur und

St. Hieronymus

Gnade. Links steht *St. Hieronymus* († 420); er ist neben
Augustinus der gelehrteste der lateinischen Kirchenväter, der mit einer für seine Zeit einmaligen Sprachen-
kenntnis sowie mit seinem außergewöhnlichen geogra-
phischen, archäologischen und literarischen Wissen die
Heiligen Schriften aus ihren Urtexten übersetzt und
kommentiert und mit seinem sonstigen Schrifttum tief
und dauerhaft die Kultur Europas beeinflußt hat; zu
seinen Füßen liegt ein Löwe, seinen Aufenthalt in der
palästinensischen Wüste bei Bethlehem andeutend;
über ihm schwebt ein Engel mit der Gerichtsposaune
und dem Totenkopf, eine Anspielung auf seine kom-
promißlose, auf Tod und Gericht ausgerichtete As-
kese; ein anderer Engel hält einen Kardinalshut, wohl
ein Erinnerungszeichen an seine beratende Tätigkeit
am Hofe des Papstes Damasus; das ihm zugeeignete
Buch bezeugt: „In Maria venit gratia, quod sine labe
originali concepta, in Maria kam die Gnade, weil sie
ohne Erbschuld empfangen ward." Sein Gegenüber ist

St. Johannes Damascenus

St. Ildefons

St. Hieronymus

St. Anselmus

St. Ildefons

*St. Ildefons,* Erzbischof von Toledo († 667), dem die Engel das Meßgewand und die bischöflichen Insignien halten; zu seinen Füßen liegt ein aufgeschlagenes Buch mit dem Titelblatt: Tractatus de immaculata conceptione B. M. V., Abhandlung über die Unbefleckte Empfängnis der seligen Jungfrau Maria. Es folgen

St. Anselmus

*St. Anselmus* († 1109), Erzbischof von Canterbury, des großen Augustinus bedeutendster Schüler im Mittelalter; ihm erscheint die heilige Jungfrau sternenumkränzt, ein Engel hält ihm ein Buch entgegen, darin der Satz geschrieben steht: „Decebat Mariam matrem Dei esse sine labe originali, es geziemt sich für Maria als Mutter Gottes, ohne Erbschuld zu sein." Sein Partner auf der anderen Seite ist der Klassiker der orientali-

St. Johannes v. Damaskus

schen Theologie *St. Johannes Damascenus* († vor 754); ihm halten die Engel ein Beil und eine abgeschlagene Hand. Daß ihm im Kerker eine Hand abgeschlagen wurde, wie ein Deuter dieser Symbolik meint, davon weiß die Geschichte nichts; wohl aber berichtet sie, Johannes habe seine hohe Stellung im Finanzministerium der Kalifen von Damaskus aufgegeben und sei Mönch geworden; somit scheint die abgeschlagene Hand eher auf das Wort bei Matthäus 5, 30 hinzudeuten: „Wenn deine Hand dir zum Ärgernis wird, hau sie ab…", zumal Johannes selber seine „Bekehrung" mit der des Zöllners Levi (Matthäus) vergleicht. In einem Buch zur Rechten dieses großen östlichen Theologen lesen wir ein Wort aus seiner Predigt zum Feste Mariae Geburt: „Conservata es, o Maria, ut esses sponsa immaculata Dei, du bist bewahrt worden, o Maria, denn du solltest eine makellose Gottesbraut sein." An der Westwand beschließen zwei große Prediger aus dem hohen Mittelalter die Reihe der theologischen Zeugen: *St. Bernardus von Clairvaux* († 1153); Engel tragen ihm zum Zeugnis seiner erhabenen Kreuzesmystik die Leidenswerkzeuge des Herrn; der Künstler schreibt ihm das Wort ins offene Buch: „Maria maculas Adae non admisit, Maria gestattete den Makeln Adams keinen Zutritt"; und *St. Dominikus* († 1221), der Gründer des Ordens der Predigerbrüder, Dominikaner genannt; Engel mit den Rosenkränzen ist sein Symbol; zwar ist der Verkündiger des reinen Evangeliums im Mittelalter nicht der Gründer der sogenannten Rosenkranzandacht gewesen, wohl aber ist er deren Symbol geworden durch die Predigten und Schriften seiner Ordensbrüder; ihm wird das Wort zugesprochen: „Mariam decuit pro secundo Adam illibate ortam, es geziemte sich, daß Maria im Hinblick auf Christus, dem zweiten Adam, unversehrt ins Dasein trat."

Man darf den Gipskünstlern aus Deggingen, die mit diesen herrlichen Arbeiten ihren Namen in die Kunstgeschichte des Barocks eintrugen, sowie ihren vorzüglichen theologischen Beratern es nicht zum Vorwurf machen, wenn ihnen jene theologische Präzision fehlt, die erst das Ergebnis der neuesten Forschung ist. So hat weder Ambrosius noch Hieronymus das Wort geschrieben oder gesprochen, das ihnen hier zugeeignet wird. Auch nicht Anselm, sondern sein Schüler, Freund und Berater *Eadmer* († etwa 1124) hat das Buch über die Empfängnis Mariens geschrieben, in dem jene Worte von der Angemessenheit einer unbefleckten Empfängnis stehen, die später durch den scharfsinnig-

St. Bernhard

St. Dominikus

sten Theologen des Mittelalters, den gottseligen Fran-
ziskaner Duns Scotus († 1308 in Köln) zu einem mariologischen Prinzip ausgebaut wurden: „Potuit-decuit —
ergo fecit — es stand in Gottes Macht — es war
angemessen — also hat er es getan." Ebenso hat auch
Ildefons von Toledo keinen Traktat über die Unbefleckte Empfängnis der Gottesmutter geschrieben;
seine Schrift, die wie keine zuvor die Marienverehrung
der späteren Jahrhunderte beeinflußt hat und Männer
wie Murillo, Chalderon, Rubens u. a. zu ihren unsterb-
lichen Werken der Kunst inspirierte, heißt Libellus de
virginitate perpetua s. Mariae, das Büchlein von der
immerwährenden Jungfrauschaft Mariens.

Allein, all diese Männer aus der glorreichen Geschichte
der westlichen wie östlichen Theologie, denen Degginger Künstler ein wahrhaft gültiges Denkmal in der
deutschen Kunst setzten, sind Vertreter einer theologischen Welt- und Geschichtsauffassung, in der Christus
allein Sinn und Gesetz ihrer Entwicklung ist. In dem
ewig gedachten und ewig gewollten Gottmenschen hat
sich der ewige Schöpfer und Regierer dieser Welt ein
unüberwindbares Prinzip geschaffen, das vor aller
Schuld steht, alle Schuld überwindet und Welt und
Menschheit in die göttlichen Ursprünge zurückführt.

Ahnen wir, was Unbefleckte Empfängnis Mariens
heißt, die in der kleinen Kirche im stillen Waldwinkel
der Alb einen solch künstlerisch wie theologisch gültigen Ausdruck gefunden hat, den wir als einmalig
bezeichnen müssen? Die für unser heutiges über-
empfindsames Ohr keineswegs wohlklingende Formu-
lierung „Unbefleckte Empfängnis" berührt keine bio-

*(Randnotizen:)*
Theologie der Geschichte

Immaculata

St. Bernardus von Clairvaux (†1153); über ihm ein
Engel mit Leidenswerkzeugen zum Zeugnis seiner
erhabenen Kreuzesmystik

logische Angelegenheit, sondern spricht eine theologische Wahrheit aus: daß in den ewigen Schöpfungsplänen Gottes eine Frau steht, in der Gott selber Mensch werden will, wie jeder Mensch wird, nämlich als Sohn einer Mutter; daß Gott auf diese Frau seine liebende Hand legt und sie ganz in seine behütende Gnade nimmt; daß er sie nie, auch nicht für einen Augenblick ihrer irdischen Existenz, die mit der Empfängnis im Mutterschoß beginnt, aus dieser seiner Gande entläßt. Immaculata, das ist der Mensch in solcher Fülle der Gnade. „Ave Maria gratia plena, du bist voll der Gnade."

**Der Mensch** Ahnen wir in der Schau dieser Wahrheit, was der Mensch überhaupt ist? Diese Frage steht mitten im Raum der Kirche von Ave-Maria. Augustinus, der Gestalter des Abendlandes, dem ein Degginger Künstler in Ave-Maria ein so wundersames Denkmal gesetzt, stellt diese Frage in ebendemselben Buch, das der Künstler von Ave-Maria oben an der Decke im Langhaus der Kirche allen sichtbar aufschlägt: Was ist der Mensch? Er gibt auch die Antwort: „Grande profundum est ipse homo, ein großes Geheimnis ist der Mensch." Er ist fähig von Gott erfaßt zu werden, für Gott fruchtbar zu werden, bis zur göttlichen Mutterschaft. Und hier liegt das Noch-Tiefere des Unaussprechbaren, das in dieser stillen Kirche der Alb den Besucher berührt, nämlich bewußt oder unbewußt und doch fühlbar dem Menschen begegnet zu sein, in dem diese letzten Fähigkeiten angesprochen und aktiviert wurden, für Gott fruchtbar zu werden, um Gott den Menschen als Bruder zu schenken.

Blick von Hochaltar in das Kirchenschiff mit Kanzel
und Emporen (Orgel aus dem Jahre 1969)

## Die Kapuziner

Mehr denn 450 Jahre wurde Ave Maria von Wallfahrts-
seelsorgern aus dem Diözesanklerus betreut: von
1477–1821 aus der Diözese Konstanz; von 1821–1928
aus der seinerzeit neu errichteten Diözese Rottenburg.
Im März 1929 rief Dr. Johannes Baptista Sproll, Bischof von Rottenburg, die Kapuziner, Söhne des
hl. Franz, nach Ave Maria. Im Mai 1929 haben sie unter
Pfarrer Anton Kiechle den Wallfahrtsdienst und die
Obsorge für die Instandhaltung der Kirche übernom-
men. Die ersten Kapuziner waren P. Kilian Müller und
Br. Meinrad Hermes. Im Jahre 1932 wurde nach den
Plänen des Architekten August Koch aus Stuttgart das
Kloster angebaut. Es war der Kapuziner stetes Bestre-
ben, die Kirche außen vor den schädigenden Witterun-
gen der Rauhen Alb zu schützen und ihrem Inneren die
ursprüngliche Schönheit mit der in ihr gegebenen
Kraft der mariologischen Aussage wiederzugeben und
sie zugleich den Erfordernissen der neuen Liturgie
anzupassen, um sie so als gern aufgesuchte Gnadenstätte
dem christlichen Volk zu erhalten. Das dürfte ihnen mit
Hilfe guter Architekten, Restauratoren, gestaltenden
Künstlern, der Freigiebigkeit der Pilger und Besucher und insonderheit dank der Großzügigkeit der
Bischöflichen Behörde zu Rottenburg gelungen sein.

**Anpassung an die moderne Liturgie**

Mit seinem guten Einfühlungsvermögen für den spät-
barocken Stil der Kirche schuf Meister *R. Geiselhart* aus
Ellwangen den Voraltar, Kerzenleuchter, Ambo –

Der Ordensgründer Franz von Assisi (1182–1226) mit
seinen ersten Jüngern (Franziskusgrotte bei der Wallfahrtskirche)

dieses kanzelartige Pult für den Wortgottesdienst – und die Sedilien für Priester und Ministranten. Die letzte durchgreifende Restaurierung des Gesamtinneren der Kirche im Jahre 1976 führten mit sichtlichem Verständnis für barocke Eigenart Herr B. Emmerich aus Stuttgart und seine Mitarbeiter durch.

Wannenmacher und sein theologischer Beirat wollten die mariologische Aussage der Ave-Kirche abschließen in einem Kreuzweg, auf dem Maria ihren Sohn als Gefährtin des Erlösers begleitet und als Mutter des Erlösers und der Erlösten unter dem Kreuze steht. Josef Wannenmacher schuf die Bilder des Kreuzweges, der teilweise verloren ging, jedoch durch einen einfühlsamen Künstler unserer Tage im Geist und in der Form des Großen aus Tomerdingen wieder ergänzt werden konnte. Die Pieta in der Seitenkapelle und das Bild des durchbohrten Mutterherzens auf der gegenüberliegenden Wand – beides Werke des späten Barocks – sollen vorerst dem Ausdruck der Mutter und Gefährtin des Erlösers dienen.

Was nun die Wallfahrt betrifft, so wuchs und wächst sie stetig. Mehr denn zweihunderttausend Pilger wurden in den letzten Jahren gezählt. Der Raum, aus dem sie kommen, ist der ganze deutsche Südwestraum. Dabei sind jene nicht gerechnet, die als Kunstinteressenten oder Liebhaber der Natur die Kirche auf dem Ave-Berg besuchen, wie auch nicht die vielen stillen Beter, welche die nahe Autobahn verlassen, um hier vor Gott einmal allein zu sein.

Mutter des
Erlösers
Mutter der
Erlösten

Wachsende
Wallfahrt

Herausgeber:
Kapuzinerkloster Ave Maria

Text:
Meinolf Mückshoff

Fotos:
Gebr. Metz, Tübingen

Druck:
Gebr. Metz, Tübingen

# Lageplan

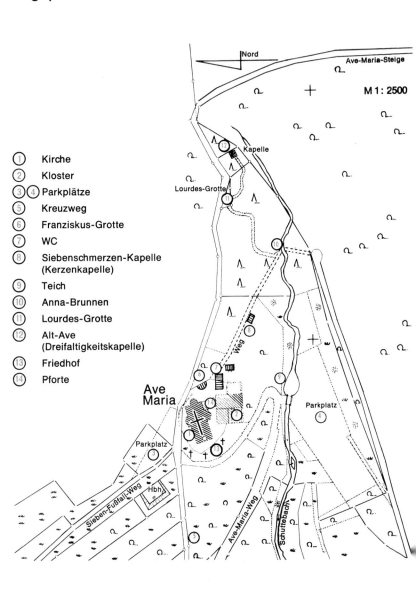

1. Kirche
2. Kloster
3. 4. Parkplätze
5. Kreuzweg
6. Franziskus-Grotte
7. WC
8. Siebenschmerzen-Kapelle (Kerzenkapelle)
9. Teich
10. Anna-Brunnen
11. Lourdes-Grotte
12. Alt-Ave (Dreifaltigkeitskapelle)
13. Friedhof
14. Pforte

Nord

Ave-Maria-Steige

M 1 : 2500

Kapelle

Lourdes-Grotte

Weg

Ave Maria

Parkplatz

Parkplatz

Sieben-Fußfall-Weg

Hbf.

Ave-Maria-Weg

Schuttebach